Impressum
Verlag: BABADADA GmbH, Nedderfeld 112 , 22529 Hamburg
Geschäftsführer / Verlagsleitung: Harald Hof
Druck: Books on Demand GmbH, In de Tarpen 42, 22848 Norderstedt

Imprint
Publisher: BABADADA GmbH, Nedderfeld 112 , 22529 Hamburg, Germany
Managing Director / Publishing direction: Harald Hof
Print: Books on Demand GmbH, In de Tarpen 42, 22848 Norderstedt

l'école

мәктәп

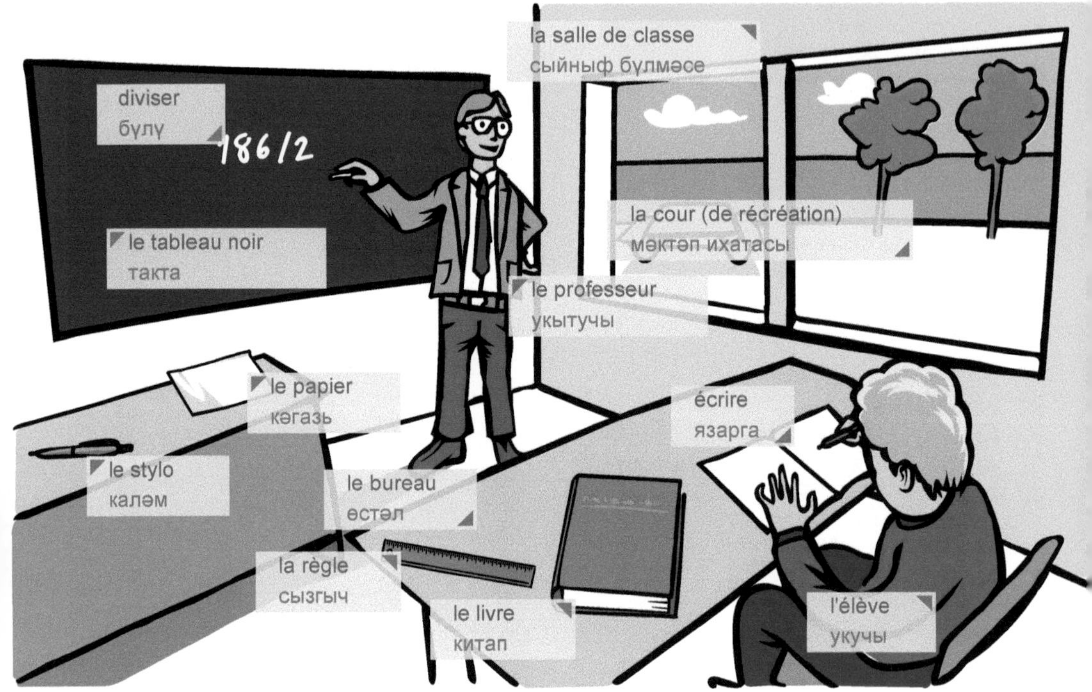
la salle de classe
сыйныф бүлмәсе
diviser
бүлү
186/2
le tableau noir
такта
la cour (de récréation)
мәктәп ихатасы
le professeur
укытучы
le papier
кәгазь
écrire
язарга
le stylo
каләм
le bureau
өстәл
la règle
сызгыч
le livre
китап
l'élève
укучы

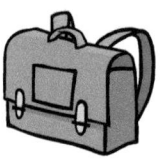

le cartable
букча

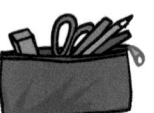

la trousse
каләмдан

le crayon
карандаш

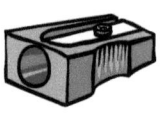

le taille-crayon
каләм очлагыч

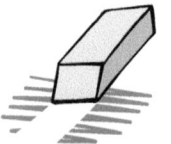

la gomme
бетергеч

le carnet à dessin
рәсем дәфтәре

le dessin

рәсем

le pinceau

пумала

la boîte de peinture

буяулар тартмасы

les ciseaux

кайчы

la colle

җилем

le cahier d'exercices

дәфтәр

les devoirs

өй эше

le chiffre

сан

additionner

кушу

soustraire

алу

multiplier

тапкырлау

calculer

исәпләү

la lettre

хәреф

l'alphabet

әлифба

le mot

сүз

le texte

текст

lire

укырга

la craie

акбур

la leçon

дәрес

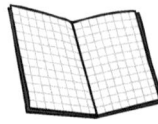

le livre de classe

сыйныф журналы

l'examen

имтихан

le certificat

сертификат

l'uniforme scolaire

мәктәп формасы

la formation

мәгариф

le lexique

энциклопедия

l'université

университет

le microscope

микроскоп

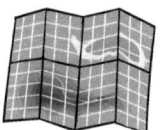

la carte

харита

la corbeille à papier

чүп кәгазь чиләге

le voyage

сәяхәт

l'hôtel
кунакханә
Grand
l'auberge
хостел
ROOMS
ECHANGE
le bureau de change
валюта бюросы
la valise
баул
la voiture
автомобиль

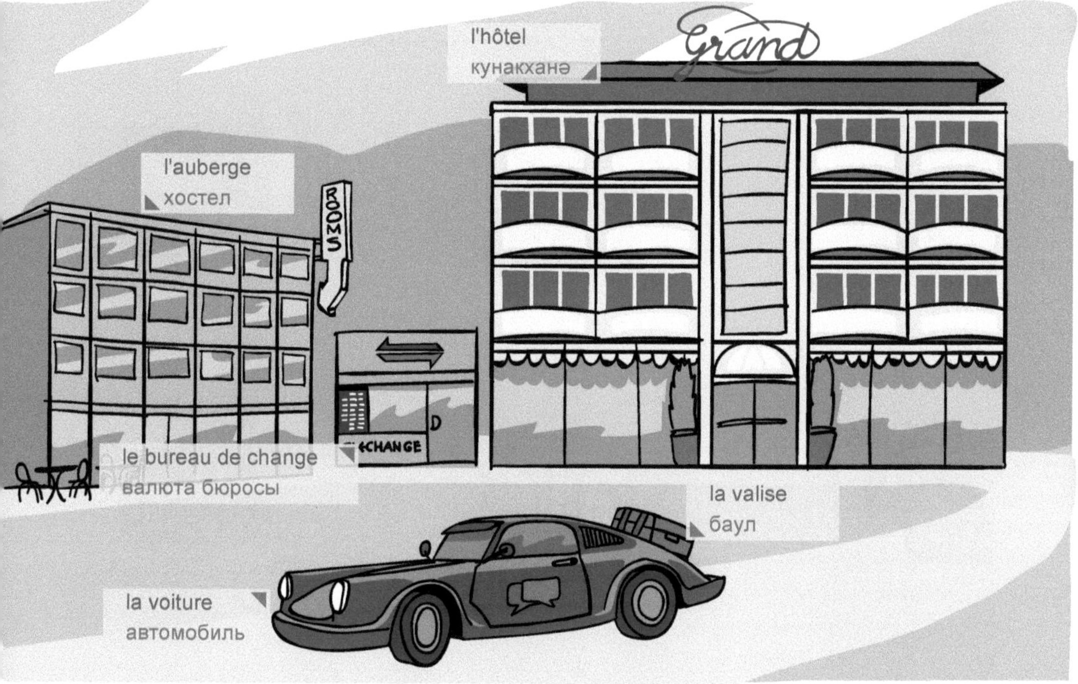

la langue

тел

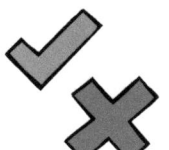

oui / non

әйе / юк

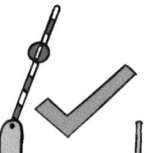

d'accord

ярар

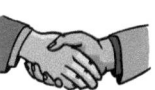

Salut

исәнмесез

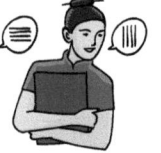

l'interprète

тәрҗемәче

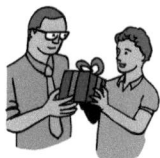

merci

Рәхмәт

Combien coûte...?

... күпме тора?

Je ne comprends pas

мин аңламыйм

le problème

проблем

Bonsoir !

Хәерле кич!

Bonjour !

Хәерле иртә!

Bonne nuit !

Тыныч йокы!

Au revoir

сау булыгыз

la direction

юнәлеш

les bagages

багаж

le sac

букча

le sac-à-dos

биштәр

l'hôte

кунак

la pièce

бүлмә

le sac de couchage

йокы капчыгы

la tente

чатыр

l'office de tourisme

турист мәгълуматы

la plage

комсал

la carte de crédit

кредит кәрте

le petit-déjeuner

иртәнге аш

le déjeuner

төшлек

le dîner

кичке аш

le billet

билет

l'ascenseur

лифт

le timbre

марка

la frontière

чик

la douane

тамгаханә

l'ambassade

илчелек

le visa

виза

le passeport

паспорт

le transport

транспорт

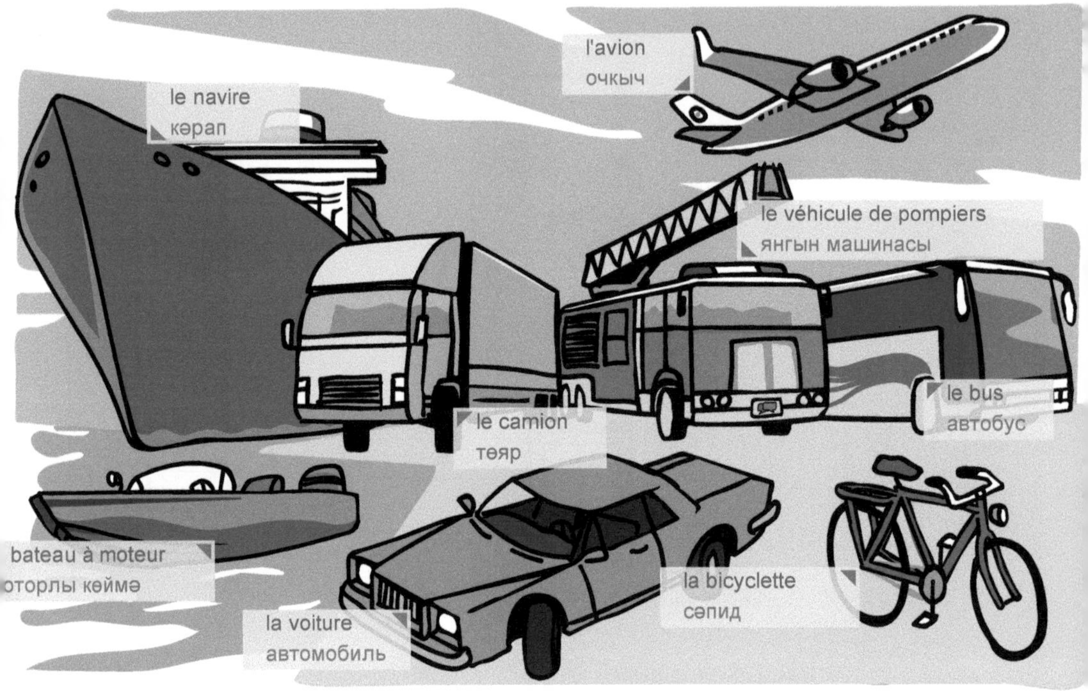
l'avion
очкыч
le navire
кәрап
le véhicule de pompiers
янгын машинасы
le bus
автобус
le camion
төяр
bateau à moteur
оторлы көймә
la bicyclette
сәпид
la voiture
автомобиль

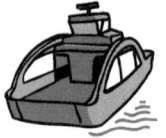

le ferry

борам

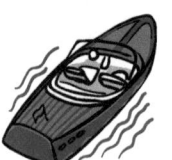

la barque

көймә

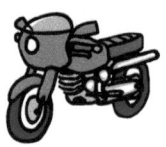

la moto

мотоцикл

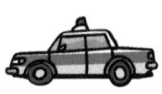

la voiture de police

полиция машинасы

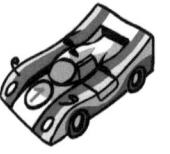

la voiture de course

узыш машинасы

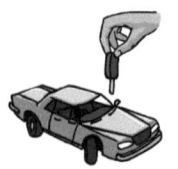

la voiture de location

киралык машина

l'auto-partage

каршеринг

la voiture de remorquage

тартучы

la benne à ordures

чүп төяре

le moteur

мотор

l'essence

ягулык

la station d'essence

бензинлек

le panneau indicateur

трафик билгесе

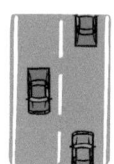

le trafic

хәрәкәт

l'embouteillage

бөке

le parking

паркинг

la gare

вокзал

les rails

рельс

le train

поезд

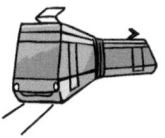

le tramway

трамвай

le wagon

вагон

l'hélicoptère

боралак

l'aéroport

hава аланы

la tour

манара

le passager

юлчы

le conteneur

контейнер

le carton

алап

le chariot

йөк арбасы

la corbeille

сәбәт

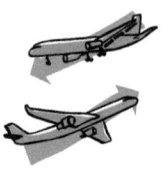

décoller / atterrir

калку / төшү

la ville

шәһәр

le village

авыл

le centre-ville

шәһәр үзәге

la maison

йорт

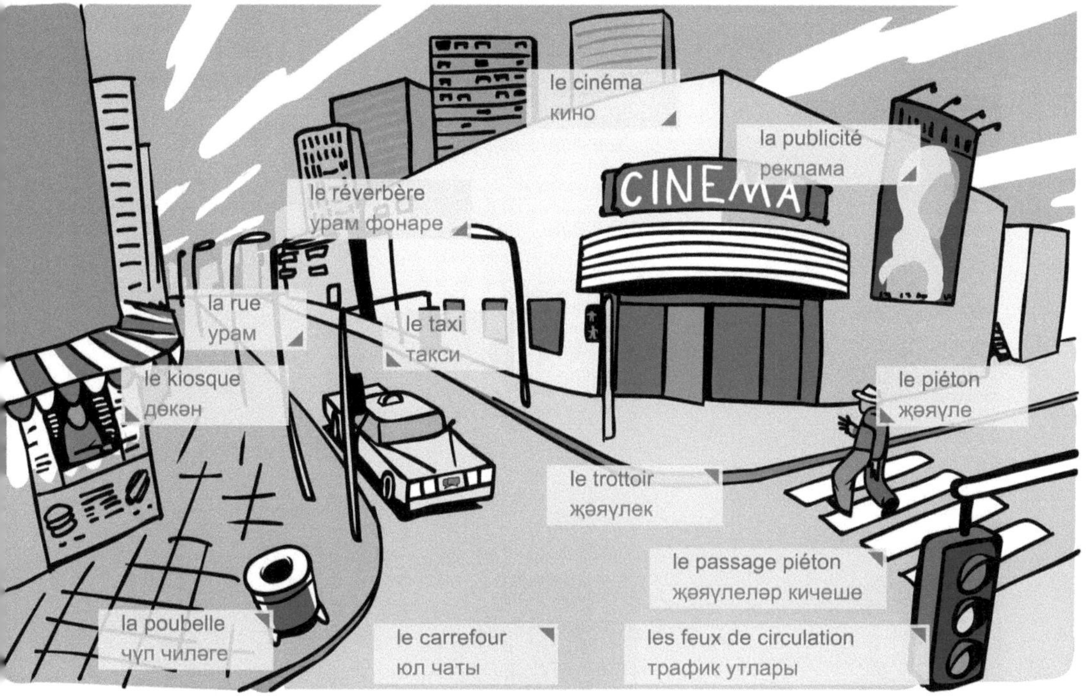

le cinéma
кино

la publicité
реклама

le réverbère
урам фонаре

la rue
урам

le taxi
такси

le kiosque
дөкән

le piéton
җәяүле

le trottoir
җәяүлек

le passage piéton
җәяүлеләр кичеше

la poubelle
чүп чиләге

le carrefour
юл чаты

les feux de circulation
трафик утлары

la cabane

алачык

l'appartement

фатир

la gare

вокзал

la mairie

шәһәр хакимияте

le musée

ядкәрханә

l'école

мәктәп

la ville - шәһәр

l'université

университет

la banque

банк

l'hôpital

хастаханә

l'hôtel

кунакханә

la pharmacie

даруханә

le bureau

офис

la librairie

китап кибете

le magasin

кибет

le fleuriste

чәчәк кибете

le supermarché

супермаркет

le marché

базар

le grand magasin

зур кибет

la poissonnerie

балык кибете

le centre commercial

сәүдә үзәге

le port

лиман

le parc

парк

la banque

эскәмия

le pont

күпер

les escaliers

баскыч

le métro

метро

le tunnel

тоннель

l'arrêt de bus

автобус тукталышы

le bar

бар

le restaurant

ресторан

la boîte à lettres

ямыл тартмасы

le panneau indicateur

урам билгесе

le parcmètre

паркинг санагычы

le zoo

хайван бакчасы

le réverbère

хәвезханә

la mosquée

мәчет

la ferme

ферма

la pollution

керлелек

la cimetière

зират

l'église

чиркәү

l'aire de jeux

уен аланы

le temple

гыйбадәтханә

le paysage

тирә-юнь

la feuille
яфрак

le panneau indicateur
юл күрсәткече

le chemin
юл

le pré
болын

la pierre
таш

l'arbre
агач

le randonneur
йөрешче

la rivière
елга

l'herbe
үлән

la fleur
чәчәк

la vallée

үзән

la montagne

калкулык

le lac

күл

la forêt

урман

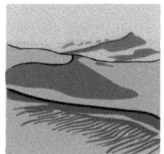

le désert

чүл

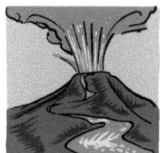

le volcan

янартау

le château

ныгытма

l'arc-en-ciel

салават күпере

le champignon

гөмбә

le palmier

пальма

le moustique

черки

la mouche

чебен

les fourmis

кырмыска

l'abeille

бал корты

l'araignée

үрмәкүч

le paysage - тирә-юнь   15

le coléoptère

коңгыз

la grenouille

бака

l'écureuil

тиен

le hérisson

керпе

le lièvre

куян

la chouette

ябалак

l'oiseau

кош

le cygne

аккош

le sanglier

кабан дуңгызы

le cerf

болан

l'élan

пошый

le barrage

туан

l'éolienne

җир турбины

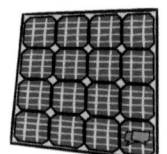

le panneau solaire

кояш панеле

le climat

икълим

le restaurant

ресторан

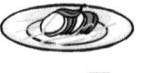

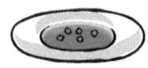

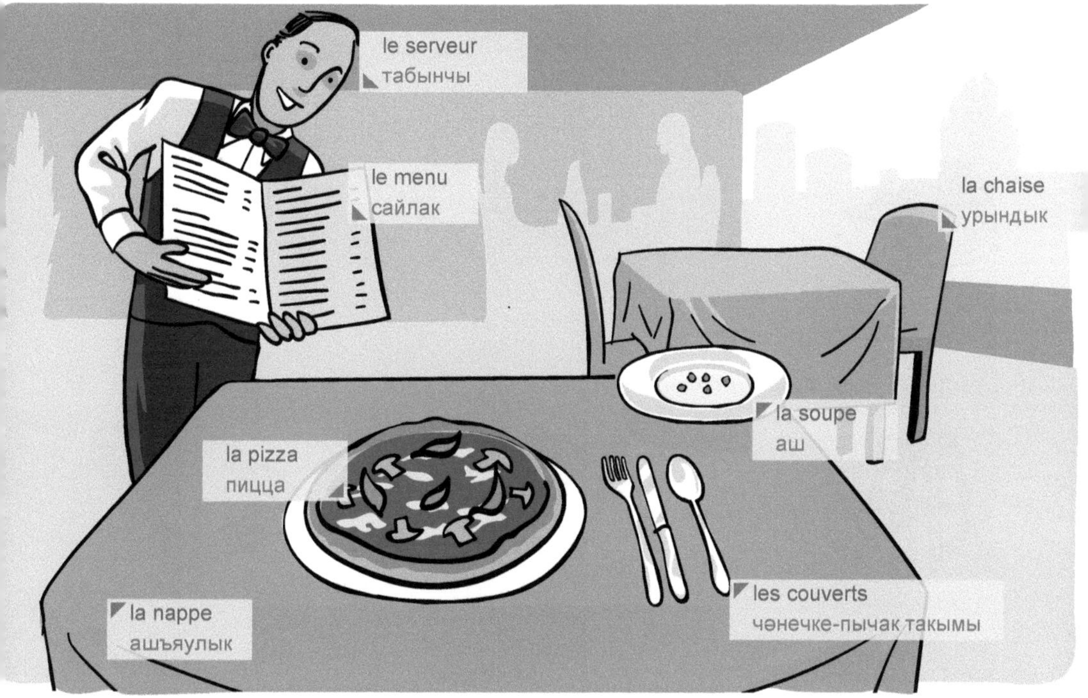

le serveur
табынчы
le menu
сайлак
la chaise
урындык
la soupe
аш
la pizza
пицца
la nappe
ашъяулык
les couverts
чәнечке-пычак такымы

les hors d'œuvre

кабымлык

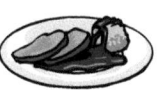

le plat principal

төп ашамлык

le dessert

татлы

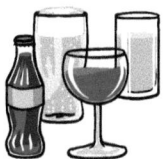

les boissons

эчемлекләр

l'alimentation

азык

la bouteille

шешә

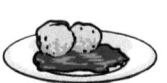

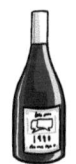

le fast-food

фастфуд

les plats à emporter

урам ризыгы

la théière

чәйгүн

le sucrier

шикәр савыты

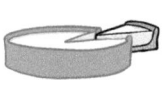

la portion

салым

la machine à expresso

эспрессо машины

la chaise haute

биек урындык

la facture

хисап

le plateau

төгер

le couteau

пычак

la fourchette

чәнечке

la cuillère

кашык

la cuillère à thé

чәй кашыгы

la serviette

тастымал

le verre

тустаган

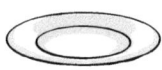

l'assiette

табак

l'assiette à soupe

аш табагы

la soucoupe

җәйпәк

la sauce

соус

la salière

тоз савыты

le moulin à poivre

борыч тегермәне

le vinaigre

серкә

l'huile

сыек май

les épices

тәмләткеч

le ketchup

кетчуп

la moutarde

хәрдәл

la mayonnaise

майонез

le supermarché

супермаркет

l'offre promotionnelle
махсус тәкъдим
FOR
le client
сатып алучы
les produits laitiers
сөт эшләнмәләре
les fruits
җимеш
le chariot
кибет арбасы

BUTCHERS

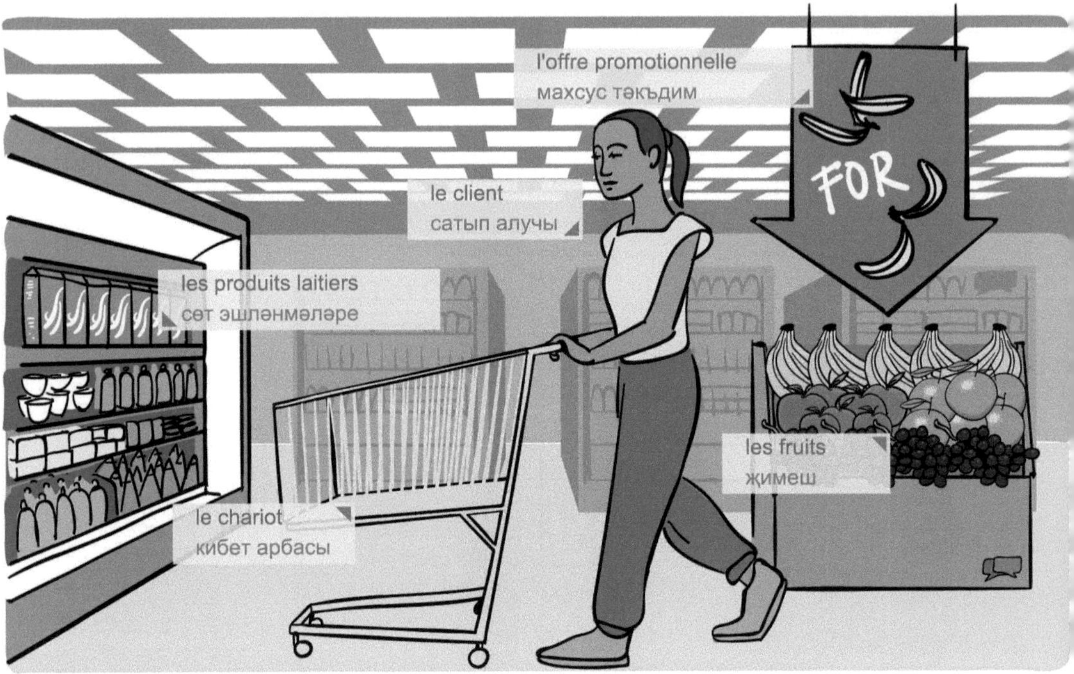

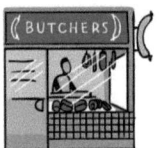

la boucherie

ит кибете

BAKERY

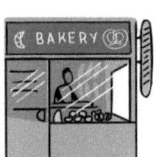

la boulangerie

икмәкханә

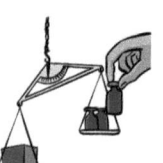

peser

үлчәү

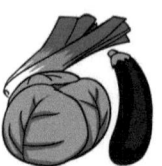

les légumes

яшелчә

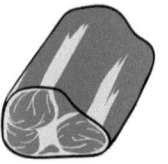

la viande

ит

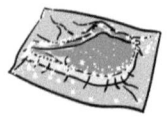

les aliments surgelés

туңдырылган ашамлыклар

la charcuterie

суык ит

les conserves

кәнсирләнгән ашамлык

la poudre à lessive

кер юу порошогы

les bonbons

шикәрләмәләр

les articles ménagers

өй эшләнмәләре

les détergents

тәмизлек эшләнмәләре

la vendeuse

сатучы

la caisse

язучы касса

le caissier

кассир

la liste d'achats

сатып алу исемлеге

les heures d'ouverture

эш вакыты

le portefeuille

калта

la carte de crédit

кредит кәрте

le sac

букча

le sac en plastique

пластик капчык

l'eau

су

le jus de fruit

сут

le lait

сөт

le coca

кола

le vin

шәраб

la bière

сыра

l'alcool

хәмер

le chocolat chaud

какао

le thé

чәй

le café

каһвә

l'expresso

эспрессо

le cappuccino

капучино

la banane

банан

la pomme

алма

l'orange

әфлисун

le melon

карбыз

le citron.

лимон

la carotte

кишер

l'ail

сарымсак

le bambou

бамбук

l'oignon

суган

le champignon

гөмбә

les noisettes

чикләвекләр

les pâtes

токмач

les spaghetti

спагетти

le riz

дөге

la salade

салат

les pommes frites

чипсы

les pommes de terre rôties

кыздырылган бәрәңге

la pizza

пицца

le hamburger

гамбургер

le sandwich

сэндвич

l'escalope

кәтлит

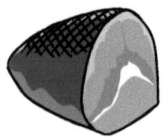

le jambon

ветчина

le salami

салями

la saucisse

сосиска

le poulet

тавык

le rôti

кыздырма

le poisson

балык

les flocons d'avoine

солы измәсе

le muesli

мюсли

les cornflakes

мәккәй кетердеге

la farine

он

le croissant

круассан

les petits-pains

ипи түгәрәге

le pain

икмәк

le pain grillé

тост

les biscuits

кәтәрмәч

le beurre

май

le fromage blanc

эремчек

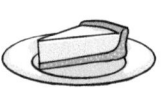

le gâteau

кейк

l'œuf

йомырка

l'œuf au plat

тәбә

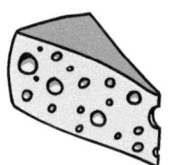

le fromage

сыр

la glace

туңдырма

le sucre

шикәр

le miel

бал

la confiture

кайнатма

la crème nougat

шоколад измәсе

le curry

карри

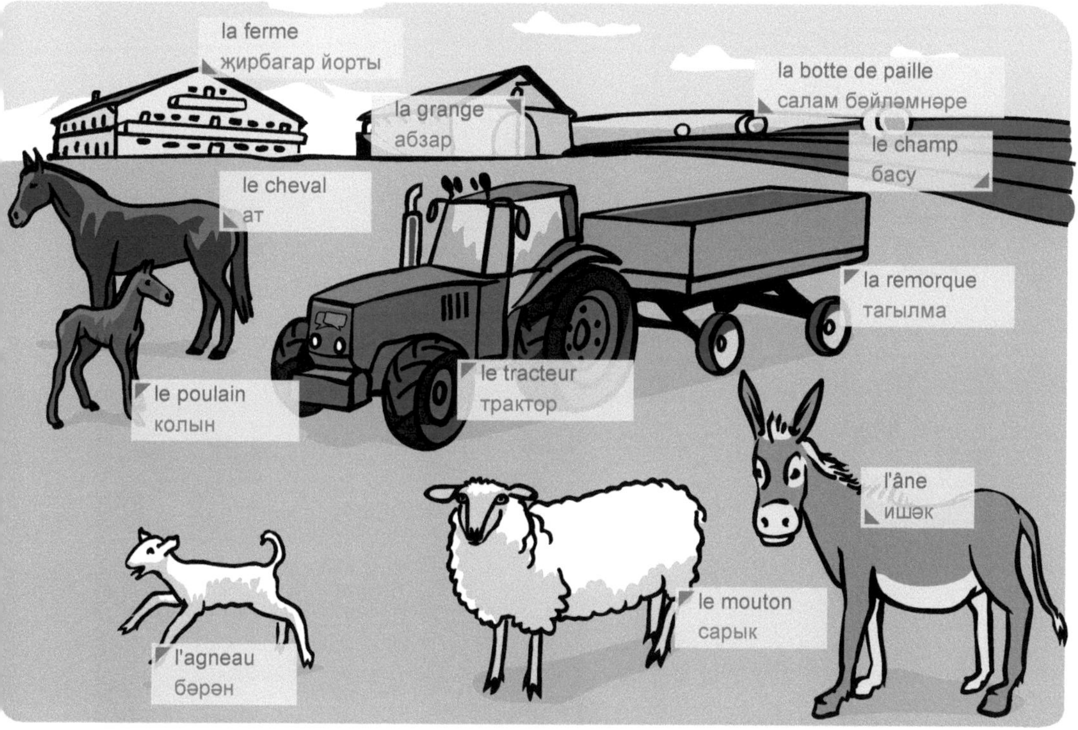

la ferme
жирбагар йорты

la botte de paille
салам бәйләмнәре

la grange
абзар

le champ
басу

le cheval
ат

la remorque
тагылма

le poulain
колын

le tracteur
трактор

l'âne
ишәк

le mouton
сарык

l'agneau
бәрән

la chèvre

кәҗә

la vache

сыер

le veau

бозау

le porc

дуңгыз

le porcelet

дуңгыз баласы

le taureau

үгез

l'oie

каз

le canard

үрдәк

le poussin

чеби

la poule

тавык

le coq

әтәч

le rat

күсе

le chat

песи

la souris

тычкан

le bœuf

эш үгезе

le chien

эт

le chenil

эт оясы

le tuyau de jardin

бакча хортумы

l'arrosoir

сусипкеч

la faucheuse

чалгы

la charrue

сабан

la ferme - ферма

la faucille

урак

la pioche

китмән

la fourche

сәнәк

la hache

балта

la brouette

кул арбасы

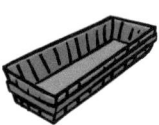

la cuve

тагарак

le pot à lait

сөт чиләге

le sac

капчык

la clôture

койма

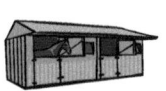

l'étable

абзар

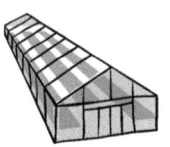

le serre

эссеханә

le sol

туфрак

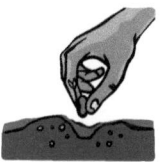

les semences

орлык

l'engrais

ашлама

la moissonneuse-batteuse

комбайн

récolter

уңыш җыярга

la récolte

уңыш

l'igname

ям

le blé

бодай

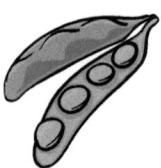

le soja

соя

la pomme de terre

бәрәңге

le maïs

мәккәй

le colza

рапс

l'arbre fruitier

җимеш агачы

le manioc

маниок

les céréales

бөртеклеләр

la maison

йорт

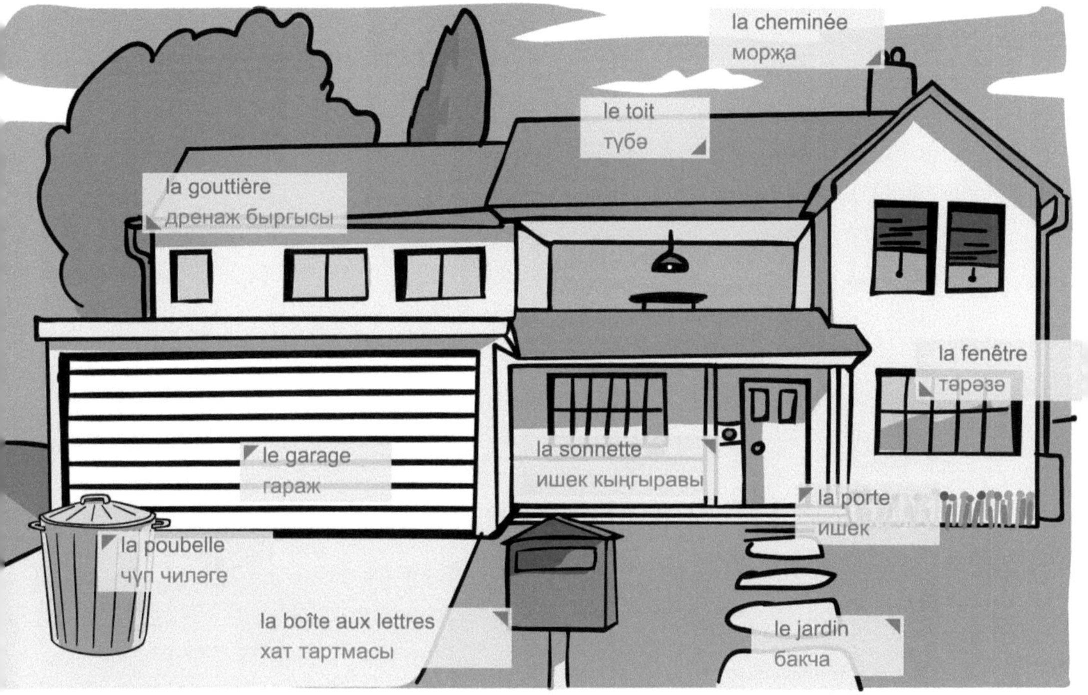

la cheminée
моржа
le toit
түбә
la gouttière
дренаж быргысы
la fenêtre
тәрәзә
le garage
гараж
la sonnette
ишек кыңгыравы
la porte
ишек
la poubelle
чүп чиләге
la boîte aux lettres
хат тартмасы
le jardin
бакча

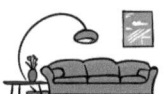

le salon

кунак бүлмәсе

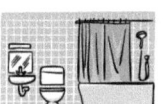

la salle de bain

юыну бүлмәсе

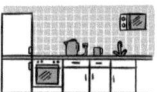

la cuisine

аш бүлмәсе

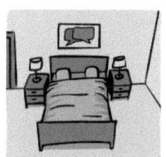

la chambre à coucher

ятак бүлмәсе

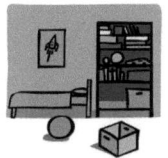

la chambre d'enfant

бала бүлмәсе

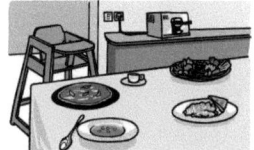

la salle à manger

аш бүлмәсе

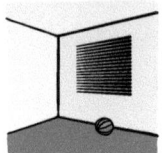

le sol

идән

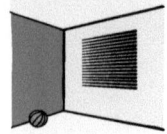

le mur

дивар

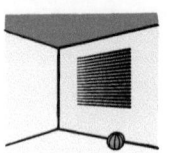

le plafond

түшәм

la cave

түлә

le sauna

сауна

le balcon

балкон

la terrasse

терраса

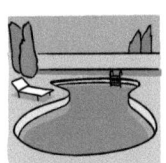

la piscine

хәвез

la tondeuse à gazon

чирәмчапкыч

la housse

җәймә

la couette

ятак япмасы

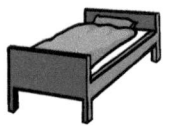

le lit

ятак

le balai

себерке

le sceau

чиләк

l'interrupteur

өзгеч

le salon
кунак бүлмәсе

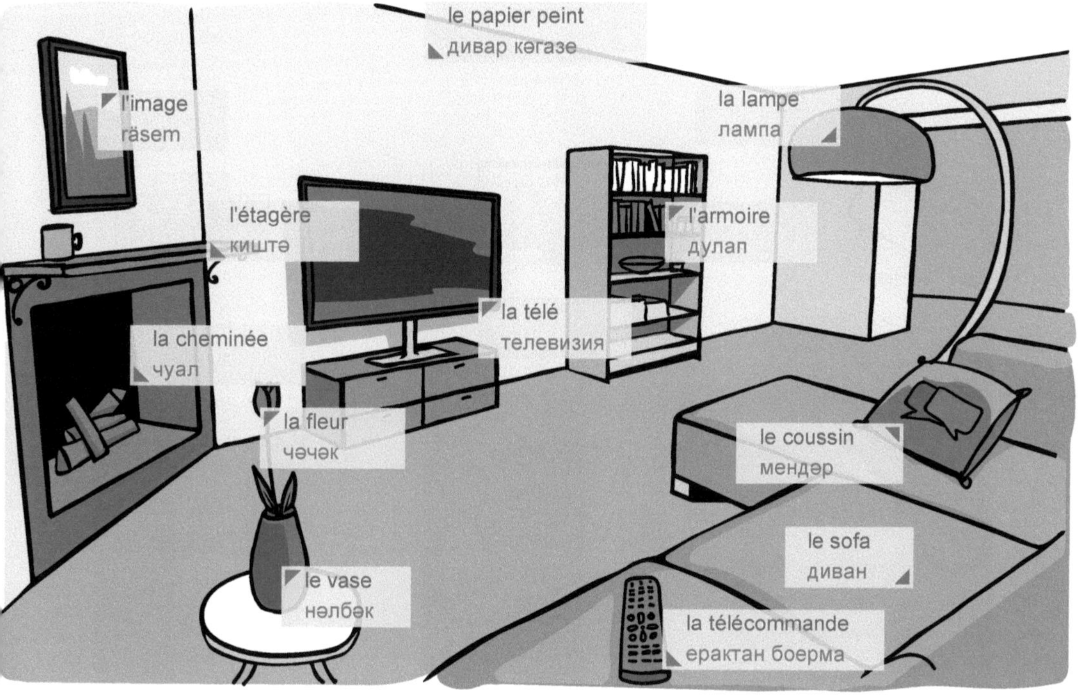

le papier peint
дивар кәгазе
l'image
räsem
la lampe
лампа
l'étagère
киштә
l'armoire
дулап
la télé
телевизия
la cheminée
чуал
la fleur
чәчәк
le coussin
мендәр
le sofa
диван
le vase
нәлбәк
la télécommande
ерактан боерма

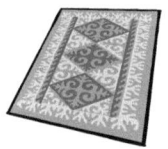

le tapis

келәм

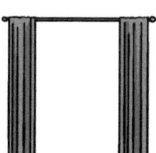

le rideau

пәрдә

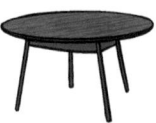

la table

өстәл

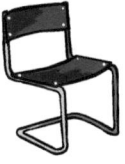

la chaise

урындык

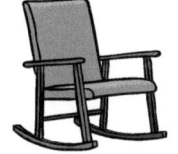

la chaise à bascule

тирбәлмә урындык

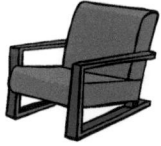

le fauteuil

кәнәфи

le livre

китап

la couverture

япма

la décoration

декор

le bois de chauffage

утын

le film

фильм

la chaîne hi-fi

hi-fi

la clé

ачкыч

le journal

гәжит

la peinture

сурәт

le poster

постер

la radio

радио

le bloc-notes

куен дәфтәре

l'aspirateur

тузансуыргыч

le cactus

кактус

la bougie

шәм

la cuisine
аш бүлмәсе

le réfrigérateur
суыткыч
le four à micro-ondes
микродулкынлы мич
la balance de cuisine
ашханә үлчәве
le grille-pain
тостер
le détergent
югыч әйбер
le four
мич
le compartiment congélateur
туңдыргыч
la poubelle
чүп чиләге
le lave-vaisselle
савыт-саба югыч

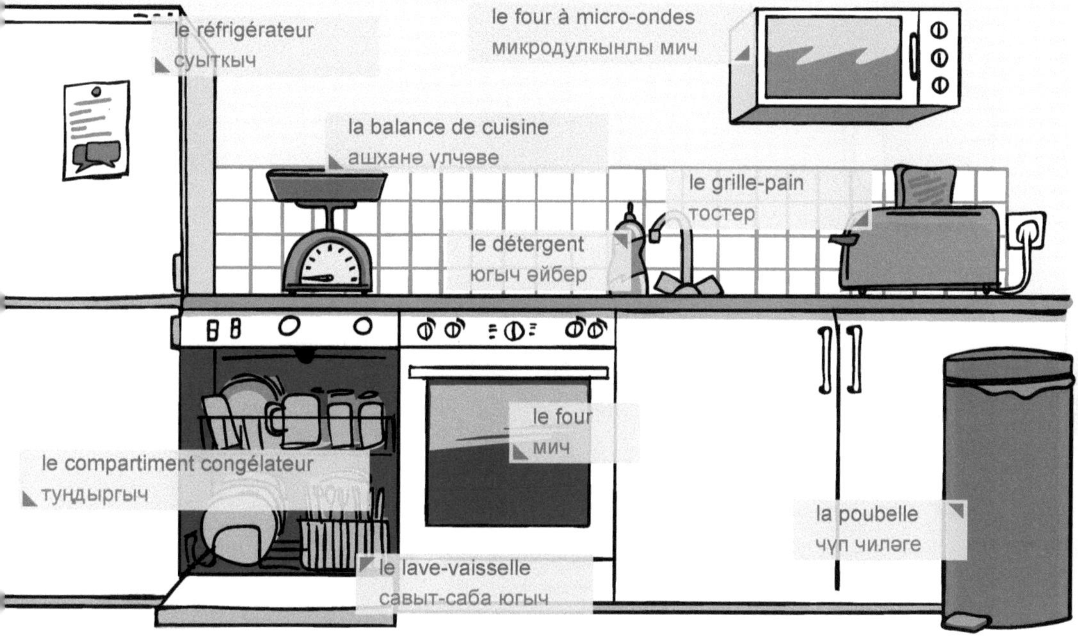

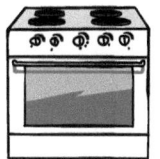

le four

әүсәк

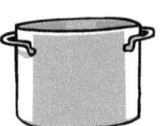

la casserole

саган

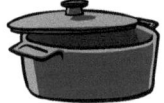

la marmite

чуен саган

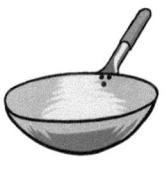

le wok / kadai

вок

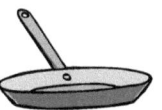

la poêle

таба

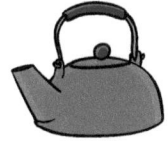

la bouilloire electrique

чәйгүн

le cuiseur vapeur

булы пешергеч

la plaque de cuisson

калай

la vaisselle

савыт-саба

le gobelet

тәгәч

la coupe

касә

les baguettes

ашау таякчыклары

la louche

уҗау

la spatule

спатула

le fouet

туглагыч

la passoire

сөзгеч

le tamis

иләк

la râpe

кыргыч

le mortier

киле

le barbecue

барбекю

la cheminée

ачык учак

la planche à découper

такта

le rouleau à pâtisserie

уклау

le tire-bouchon

бөке суыргыч

la boîte

металл тартма

l'ouvre-boîte

кәнсир ачкыч

les maniques

мич биялее

le lavabo

киршән

la brosse

фырча

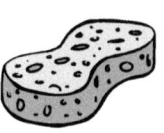

l'éponge

болыт

le mixeur

блендер

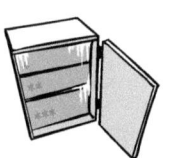

le congélateur

тирән туңдыргыч

le biberon

имезлекле шешә

le robinet

чөмәк

la salle de bain
юыну бүлмәсе

le chauffage
җылыту
la serviette
сөлге
la douche
душ
le rideau de douche
душ пәрдәсе
le bain moussant
күбекле ванна
la baignoire
ванна
le verre
тустаган
la machine à laver
кер югыч
le robinet
чөмәк
le carrelage
фаянс
le pot
лаземлек
le lavabo
киршән

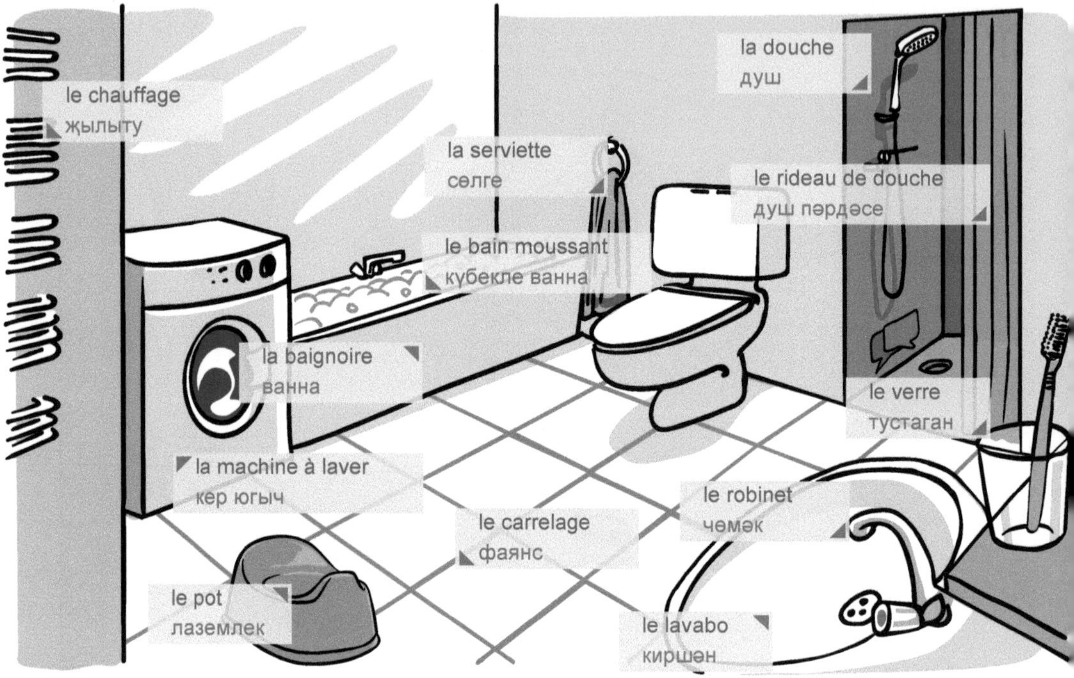

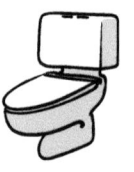

les toilettes
бәдрәф

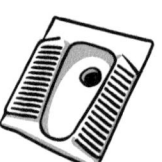

la toilette à la turque
төрекчә бәдрәф

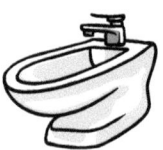

le bidet
биде

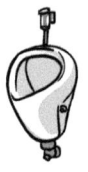

l'urinoir
писсуар

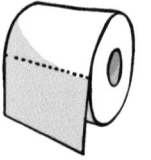

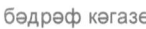

le papier toilette
бәдрәф кәгазе

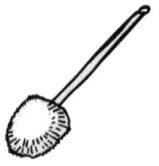

la brosse à toilette
бәдрәф фырчасы

la brosse à dents

теш фырчасы

le dentifrice

теш мәгъжүне

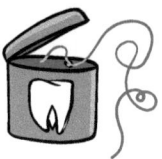

le fil dentaire

теш җебе

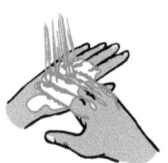

laver

юарга

la douche manuelle

душ башлыгы

la douche intime

душ

la vasque

киршән

la brosse dorsale

арка фырчасы

le savon

сабын

le gel douche

душ сеңәле

le shampooing

шампунь

le gant de toilette

мунчала

l'écoulement

агым

la crème

крем

le déodorant

дезодорант

le miroir

көзге

le miroir cosmétique

кул көзгесе

le rasoir

өстәрә

la mousse à raser

кырыну күбеге

l'après-rasage

кырыну лосьоны

la peigne

тарак

la brosse

щётка

le sèche-cheveux

фен

la laque pour cheveux

чәч спрее

le fond de teint

макияж

le rouge à lèvres

ирен иннеге

le vernis à ongles

тырнак җәләсе

l'ouate

мамык

le coupe-ongles

тырнак кайчысы

le parfum

хушбуй

la trousse de toilette

макияж букчасы

le tabouret

утыргыч

le pèse-personne

үлчәү

le peignoir

чоба

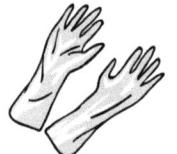

les gants de nettoyage

резин иләсә

le tampon

тампон

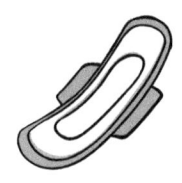

les serviettes hygiéniques

һигиеник пәд

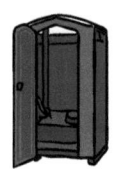

la toilette chimique

химияви бәдрәф

la chambre d'enfant

бала бүлмәсе

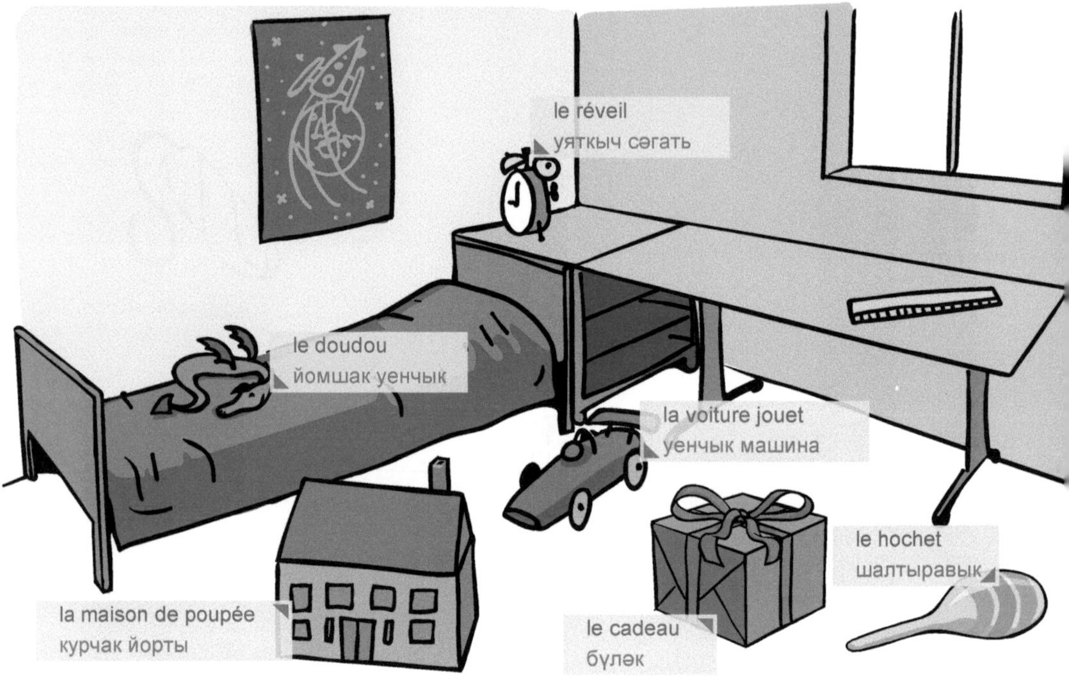

le réveil
уяткыч сәгать
le doudou
йомшак уенчык
la voiture jouet
уенчык машина
le hochet
шалтыравык
la maison de poupée
курчак йорты
le cadeau
бүләк

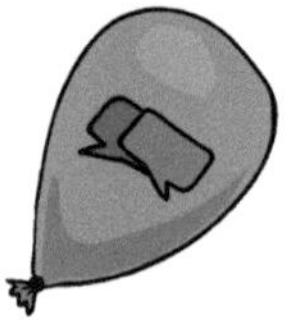

le ballon

һава шары

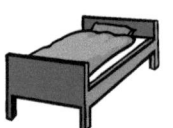

le lit

ятак

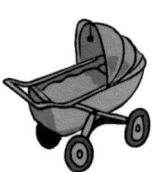

la poussette

бәби арбасы

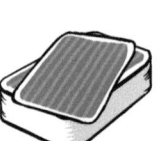

le jeu de cartes

кәрт дәстәсе

le puzzle

пазл

SUPER
MEGA

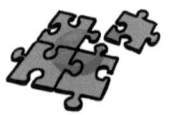

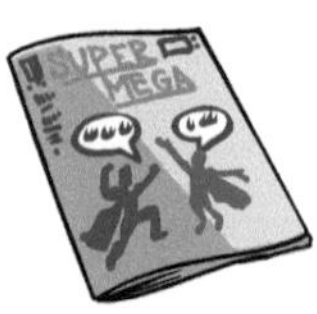

la bande dessinée

комикс

les pièces lego

лего кирпечләре

les blocs de construction

шакмаклар

la figurine

уен сынчыгы

la grenouillère

зыбын

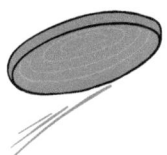

le frisbee

фрисби

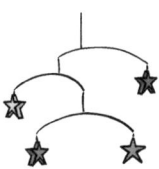

le mobile

мобиль

le jeu de société

өстәл уены

le dé

уен ташы

le train miniature

поезд моделе җыелмасы

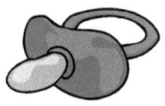

la sucette

имезлек

la fête

кичә

le livre d'images

рәсемле китап

la balle

туп

la poupée

курчак

jouer

уйнарга

le bac à sable

комлык

la balançoire

таган

les jouets

уенчыклар

la console de jeu

уен кушмасы

le tricycle

өч көпчәкле сәпид

l'ours en peluche

уенчык аю

l'armoire

кием дулабы

les vêtements

кием

les chaussettes

оекбаш

les bas

оек

le collant

оегыштан

l'écharpe
шарф

le parapluie
кулчатыр

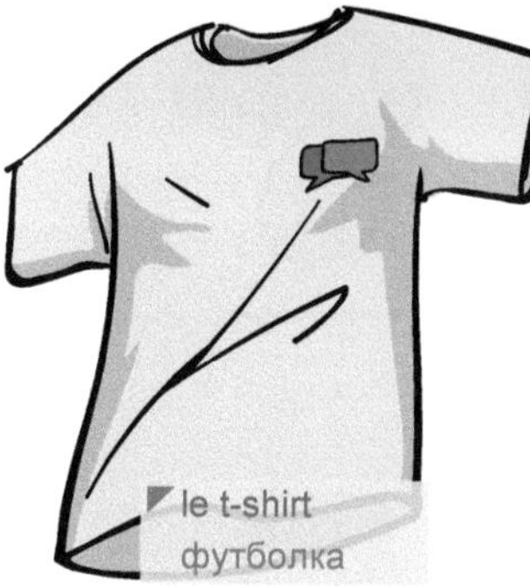

le t-shirt
футболка

la ceinture
каеш

les bottes
итек

les pantoufles
чөпөләй

les baskets
спорт аяк киеме

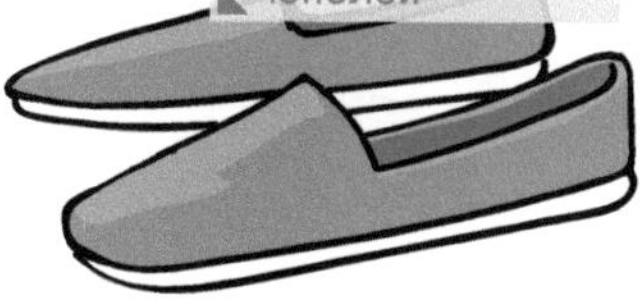

les sandales
....
сандаллар

les chaussures
....
аяк киеме

les bottes de caoutchouc
....
резин итек

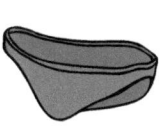

les sous-vêtements
....
тәнбан

le soutien-gorge
....
түшти

le maillot de corps
....
жәләк

le body
боди

le pantalon
чалбар

le jean
джинс

la jupe
итәк

le chemisier
блузка

la chemise
күлмәк

le pull
свитер

le sweat à capuche
худи

la veste
блейзер

la veste
жакет

le manteau
бишмәт

l'imperméable
яңгырлык

le costume
кәчтүм

la robe
күлмәк

la robe de mariée
туй күлмәге

les vêtements - кием

le costume

такым кием

la chemise de nuit

төнге күлмәк

le pyjama

пижама

le sari

сари

le foulard

яулык

le turban

чалма

la burqa

бурка

le caftan

чапан

l'abaya

абая

le maillot de bain

коену киеме

le maillot de bain

йөзү тәнбаны

le short

шорт

la tenue d'entraînement

спорт киеме

le tablier

алъяпкыч

les gants

иләсә

les vêtements - кием

le bouton

төймә

les lunettes

күзлек

le bracelet

беләзек

le collier

муенса

la bague

балдак

la boucle d'oreille

алка

le bonnet

кәпәч

le cintre

элгеч

le chapeau

эшләпә

la cravate

галстук

la fermeture éclair

зынҗыр

le casque

очлам

les bretelles

чалбар асмасы

l'uniforme scolaire

мәктәп формасы

l'uniforme

форма

le bavoir

балалар күкрәкчәсе

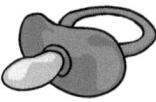

la sucette

имезлек

la lange

күзәлә

le bureau
офис

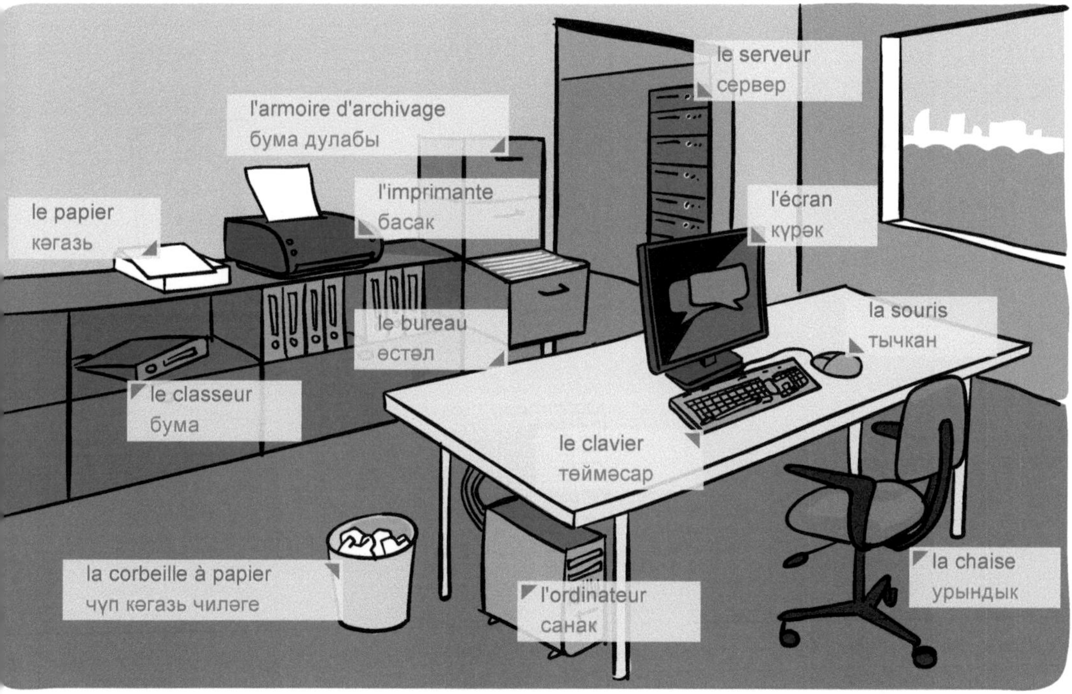

l'armoire d'archivage
бума дулабы

le serveur
сервер

l'imprimante
басак

l'écran
күрәк

le papier
кәгазь

la souris
тычкан

le bureau
өстәл

le classeur
бума

le clavier
төймәсар

la corbeille à papier
чүп кәгазь чиләге

la chaise
урындык

l'ordinateur
санак

la tasse de café

каһвә тәрәче

la calculatrice

сансанар

l'internet

интернет

l'ordinateur portable
ләптоп

la lettre
хат

le message
хәбәр

le portable
кесә телефоны

le réseau
челтәр

la photocopieuse
фотокопияче

le logiciel
програм тәэминаты

le téléphone
телефон

la prise
аергыч

le fax
факс

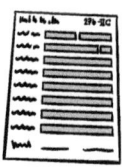

le formulaire
форм

le document
документ

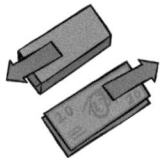

acheter

сатып алырга

payer

түләргә

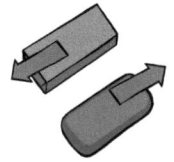

faire du commerce

сәүдә итәргә

la monnaie

акча

USD

le dollar

доллар

EUR

l'euro

евро

JPY

le yen

иена

RUB

le rouble

сум

CHF

le franc suisse

франк

CNY

le renminbi yuan

юан

INR

la roupie

рупи

le distributeur automatique

банкомат

le bureau de change

валюта бюросы

l'or

алтын

l'argent

көмеш

le pétrole

карамай

l'énergie

энергия

le prix

бәя

le contrat

контракт

la taxe

салым

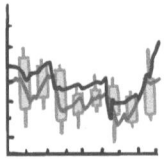

l'action

сток

travailler

эшләргә

l'employé

эшче

l'employeur

эш бирүче

l'usine

фабрика

le magasin

кибет

les professions
hөнәрләр

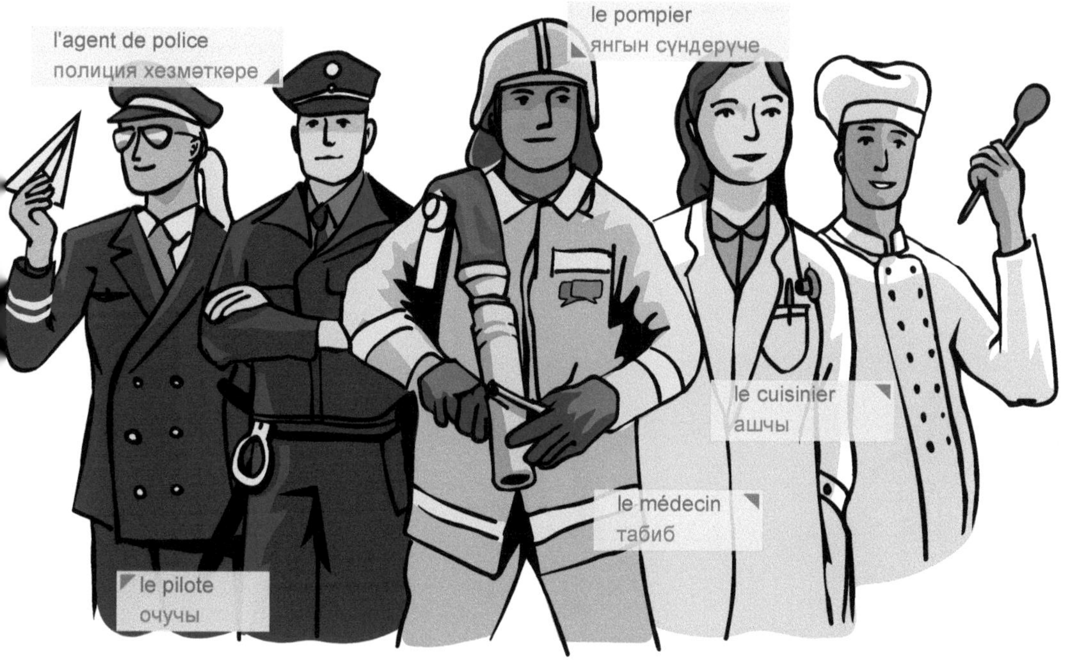

l'agent de police
полиция хезмәткәре
le pompier
янгын сүндерүче
le cuisinier
ашчы
le médecin
табиб
le pilote
очучы

le jardinier

бакчачы

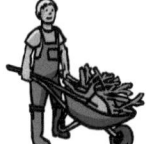

le menuisier

агач остасы

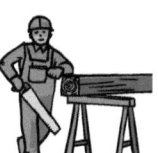

la couturière

тегүче

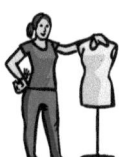

le juge

хөкемче

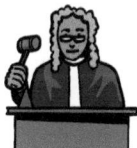

le chimiste

химияче

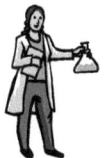

l'acteur

актер

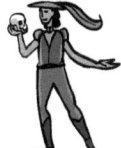

le conducteur de bus

автобус йөртүче

le chauffeur de taxi

таксиче

le pêcheur

балыкчы

la femme de ménage

җыештыручы хатын

le couvreur

түбә ябучы

le serveur

табынчы

le chasseur

аучы

le peintre

рәссам

le boulanger

икмәкче

l'électricien

электрчы

l'ouvrier

төзүче

l'ingénieur

мөһәндис

le boucher

итче

le plombier

чөмәкче

le facteur

ямылчы

les professions - һөнәрләр

le soldat

гаскәри

l'architecte

мигъмар

le caissier

кассир

le fleuriste

чәчәкче

le coiffeur

чәчтараш

le contrôleur

кондуктор

le mécanicien

механик

le capitaine

капитан

le dentiste

теш табибы

le scientifique

галим

le rabbin

раввин

l'imam

имам

le moine

кәшиш

le prêtre

рухани

les outils

алəтлəр

les pinces
каргаборын
le marteau
чүкеч
le tournevis
шерепборгыч
la torche
кул фонаре
la clé
инглиз ачкычы

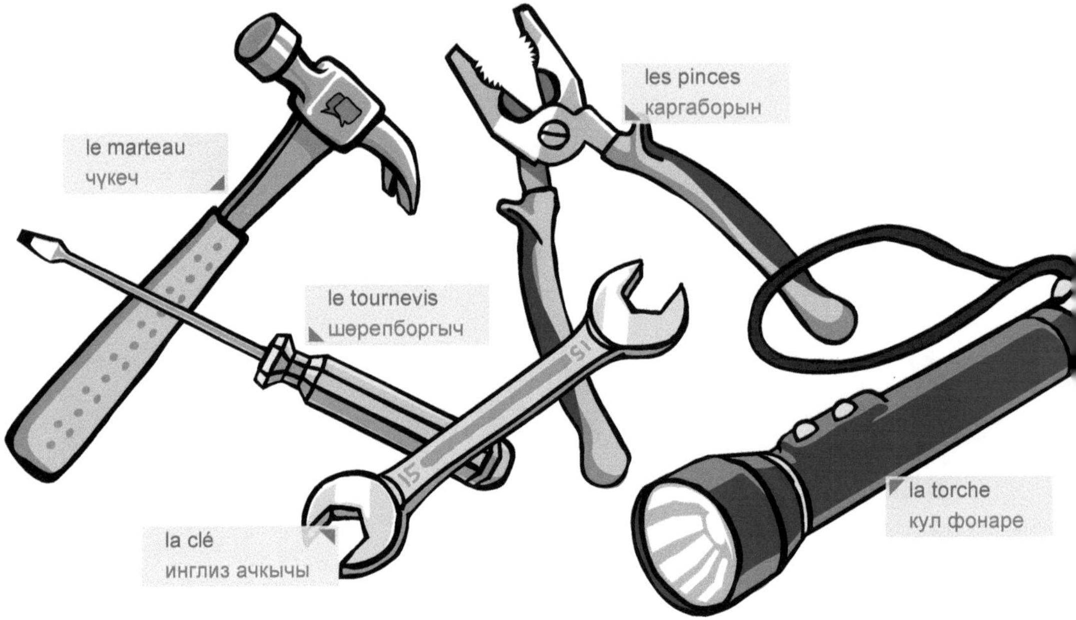

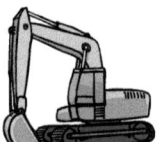

la pelleteuse

казу машинасы

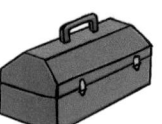

la boîte à outils

алəт букчасы

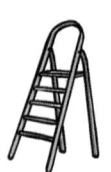

l'échelle

баскыч

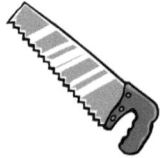

la scie

пычкы

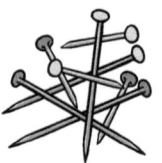

les clous

кадаклар

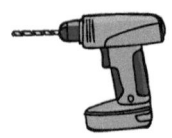

la perceuse

дрель

réparer

төзәтергә

la pelle

көрәк

Mince !

Шайтан алгыры!

la pelle

соскы

le pot de peinture

буяу савыты

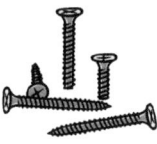

les vis

мыклар

les instruments de musique
музыка аләтләре

la batterie
давылбаз такымы

le haut-parleurs
тавыш көчәйткеч

la guitare
гитара

la contrebasse
контрабас

la trompette
быргы

le piano

пианино

le violon

кәман

la basse

бас-гитара

les timbales

тимпани

le tambour

давылбаз

le piano électrique

төймәсар

le saxophone

саксофон

la flûte

флейта

le microphone

микрофон

le zoo

хайван бакчасы

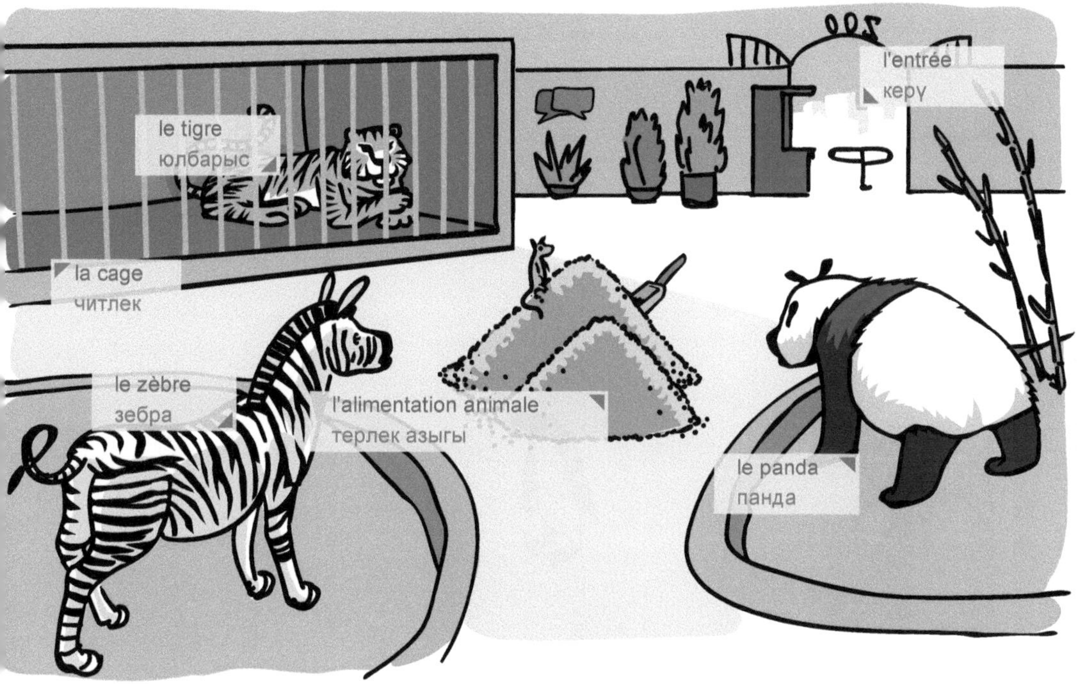

zoo
l'entrée
керү
le tigre
юлбарыс
la cage
читлек
le zèbre
зебра
l'alimentation animale
терлек азыгы
le panda
панда

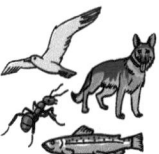

les animaux

хайваннар

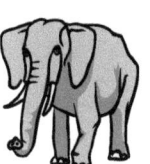

l'éléphant

фил

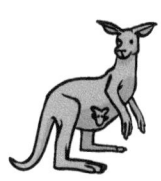

le kangourou

кенгерә

le rhinocéros

кәркәдән

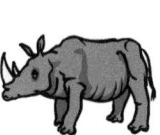

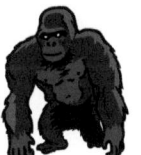

le gorille

горилла

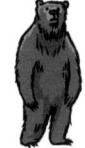

l'ours

аю

le chameau

дөя

l'autruche

тәвә кошы

le lion

арыслан

le singe

маймыл

le flamand rose

фламинго

le perroquet

тутый кош

l'ours polaire

ак аю

le pingouin

пингвин

le requin

күпек балыгы

le paon

тавис

le serpent

елан

le crocodile

тимсах

le gardien de zoo

хайван бакчасы
хезмәткәре

le phoque

су эте

le jaguar

ягуар

le poney

пони

le léopard

каплан

l'hippopotame

су айгыры

la girafe

зөрәфә

l'aigle

бөркет

le sanglier

кабан дуңгызы

le poisson

балык

la tortue

ташбака

le morse

морж

le renard

төлке

la gazelle

газәл

l'american Football
Америка футболы

le cyclisme
сәпид

le tennis
теннис

le basket-ball
баскетбол

la natation
йөзү

la boxe
бокс

le hockey sur glace
хоккей

le football

футбол

le badminton

бадминтон

l'athlétisme

атлетика

le handball

гандбол

le ski

чаңгы

le polo

поло

les activités
иткенлеклəр

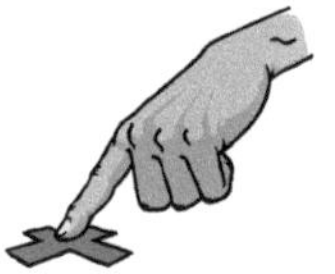

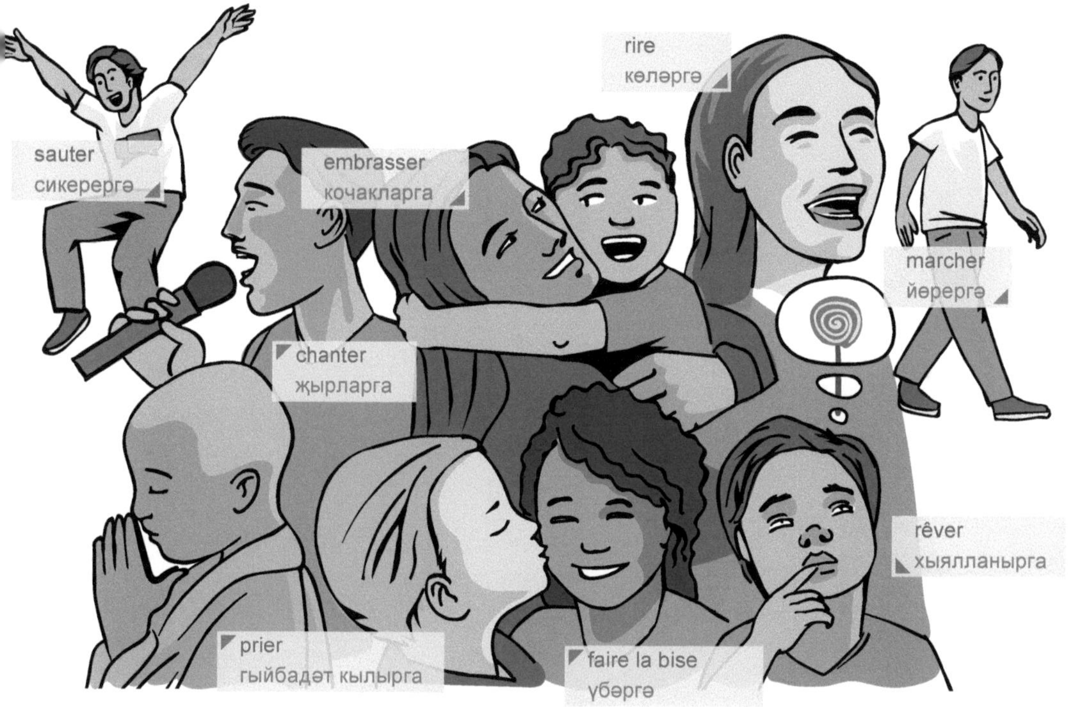
rire
көлəргə
sauter
сикерергə
embrasser
кочакларга
marcher
йөрергə
chanter
җырларга
rêver
хыялланырга
prier
гыйбадəт кылырга
faire la bise
үбəргə

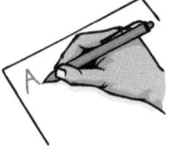

écrire

язарга

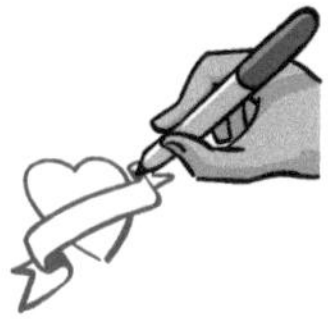

dessiner

рəсем ясарга

montrer

күрсəтергə

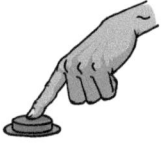

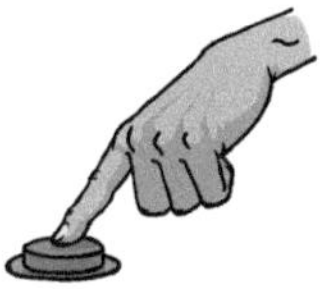

pousser

этəргə

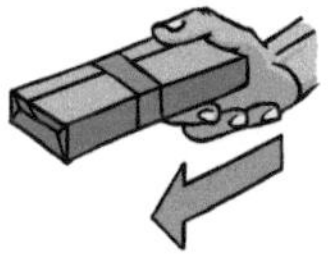

donner

бирергə

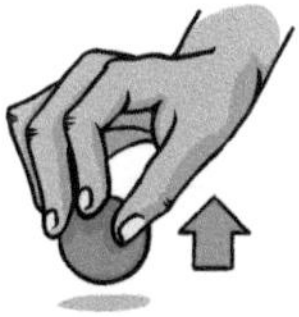

prendre

алырга

avoir

ия булырга

faire

эшләргә

être

булырга

être debout

басып торырга

courir

йөгерергә

trier

тартырга

jeter

ташларга

tomber

егылырга

être couché

ятарга

attendre

көтәргә

porter

ташырга

être assis

утырырга

s'habiller

киенергә

dormir

йокларга

se réveiller

уянырга

regarder

карарга

pleurer

еларга

caresser

сыйпарга

peigner

тарарга

parler

сөйләшергә

comprendre

аңларга

demander

сорарга

écouter

тыңларга

boire

эчәргә

manger

ашарга

ranger

җыештырынырга

aimer

сөяргә

cuire

пешерергә

conduire

сөрергә

voler

очарга

faire de la voile

диңгезгә ачылу

calculer

исәпләү

lire

укырга

apprendre

өйрәнергә

travailler

эшләргә

se marier

өйләнергә

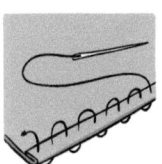

coudre

тегәргә

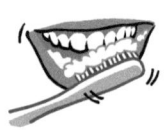

brosser les dents

теш фырчаларга

tuer

үтерергә

fumer

тәмәке тартырга

envoyer

җибәрергә

la famille

гаилә

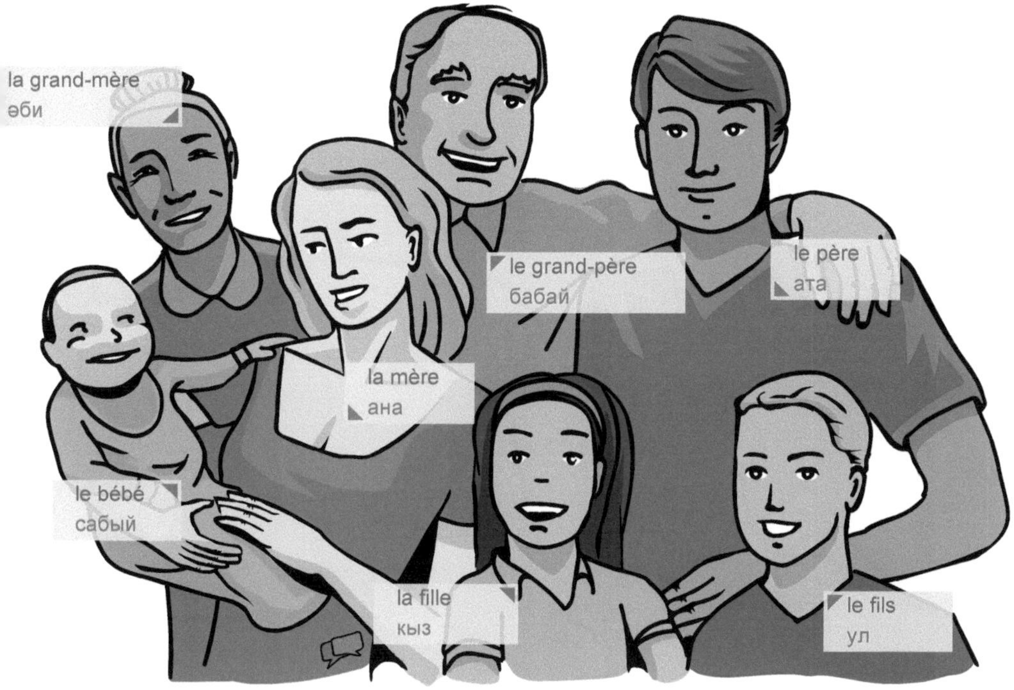

la grand-mère
әби
le grand-père
бабай
le père
ата
la mère
ана
le bébé
сабый
la fille
кыз
le fils
ул

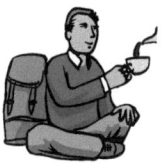

l'hôte

кунак

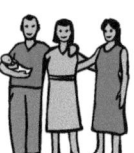

la tante

апа

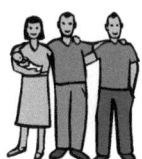

l'oncle

абый

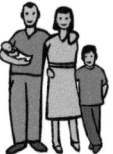

le frère

абый / эне

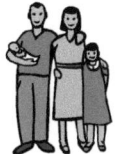

la sœur

апа / сеңел

le corps

тән

le front
маңгай
l'œil
күз
l'épaule
иңбаш
le doigt
бармак
le visage
бит
le menton
ияк
la main
кул чугы
la jambe
аяк
la poitrine
күкрәк
le bras
кул

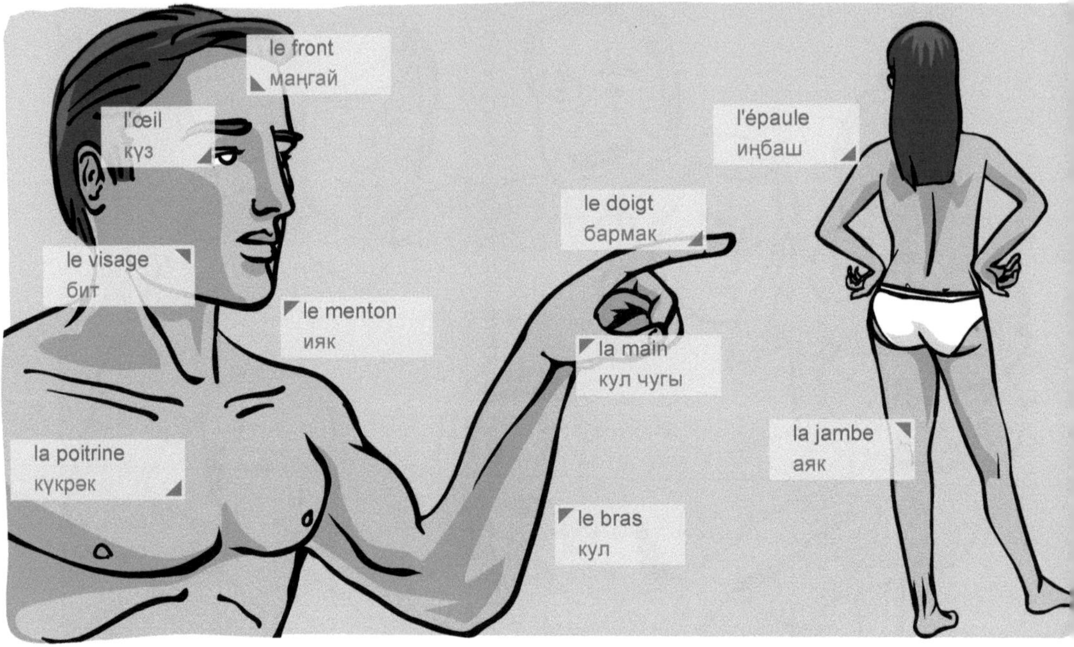

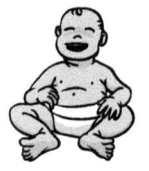

le bébé

сабый

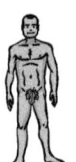

l'homme

ир

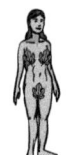

la femme

хатын

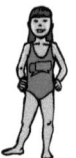

la fille

кыз

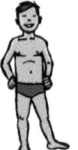

le garçon

малай

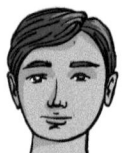

la tête

баш

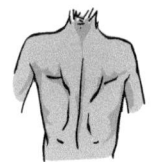

le dos
арка

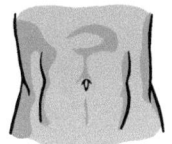

le ventre
эч

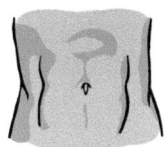

le nombril
кендек

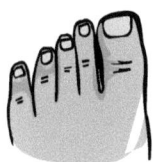

l'orteil
аяк бармагы

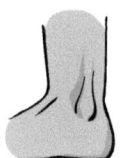

le talon
үкчә

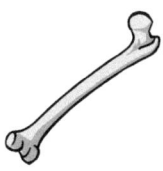

l'os
сөяк

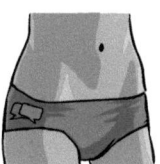

la hanche
бот

le genou
тез

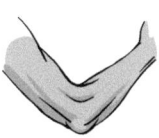

le coude
терсәк

le nez
борын

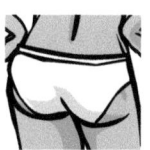

les fesses
арт сан

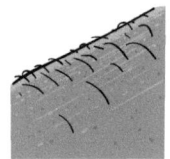

la peau
тире

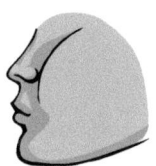

la joue
яңак

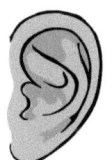

l'oreille
колак

la lèvre
ирен

la bouche

авыз

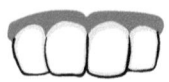

la dent

теш

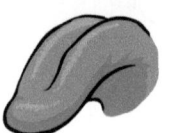

la langue

тел

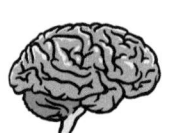

le cerveau

ми

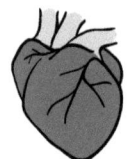

le cœur

йөрәк

le muscle

газлә

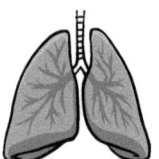

les poumons

үпкә

le foie

бавыр

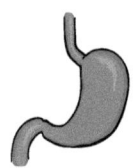

l'estomac

ашказаны

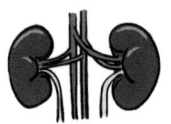

les reins

бөөрләр

le rapport sexuel

секс

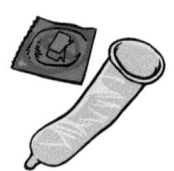

le préservatif

презерватив

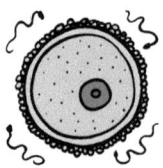

l'ovule

күкәй күзәнәк

le sperme

мәни

la grossesse

көмән

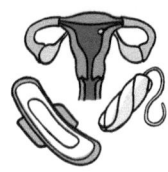

la menstruation
....
күрем

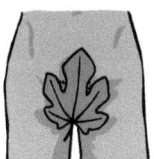

le vagin
....
вагина

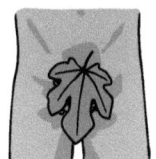

le pénis
....
пенис

le sourcil
....
каш

les cheveux
....
чәчләр

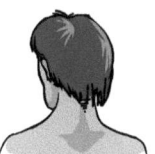

le cou
....
муен

le corps - тән

l'hôpital

хастаханә

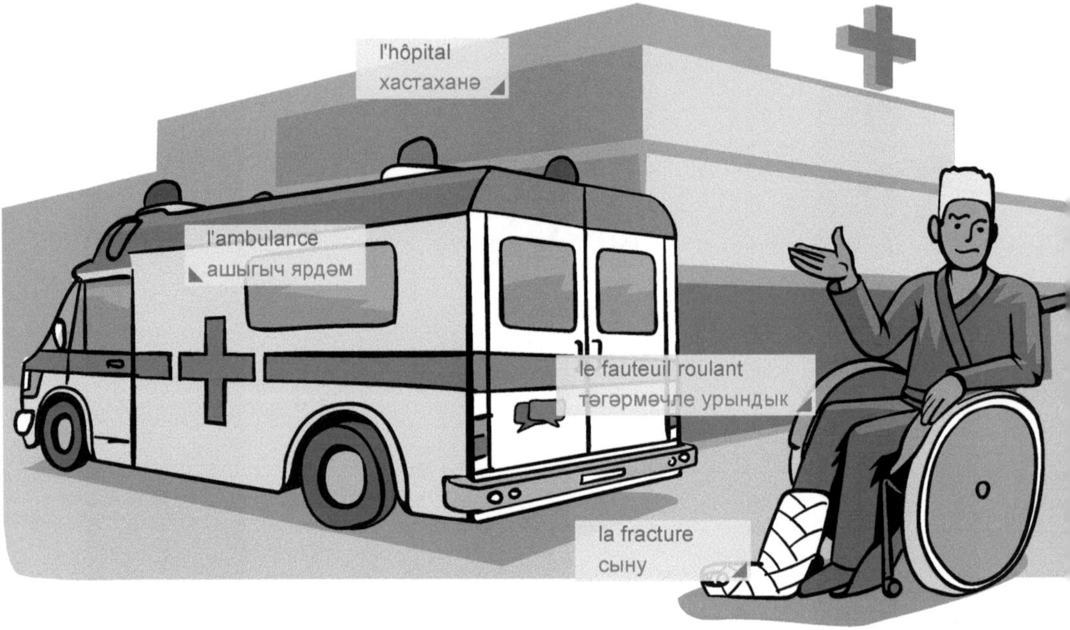

l'hôpital
хастаханә
l'ambulance
ашыгыч ярдәм
le fauteuil roulant
тәгәрмәчле урындык
la fracture
сыну

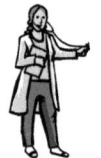

le médecin

табиб

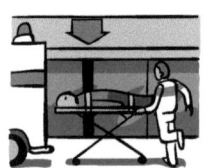

le service des urgences

ашыгыч ярдәм бүлмәсе

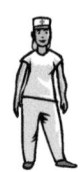

l'infirmière

шәфкать туташы

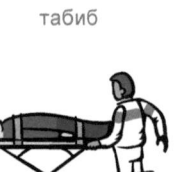

l'urgence

кичектергесез хәл

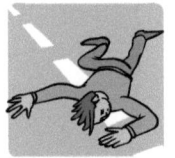

inconscient

аңсыз

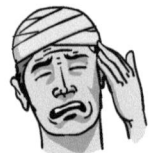

la douleur

авырту

la blessure

җәрәхәтләнү

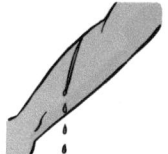

l'hémorragie

кан агу

la crise cardiaque

инфаркт

l'attaque cérébrale

инсульт

l'allergie

аллергия

la toux

ютәл

la fièvre

кызу

la grippe

грипп

la diarrhée

эч китү

le mal de tête

баш авырту

le cancer

яман шеш

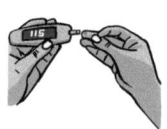

le diabète

диабет

le chirurgien

хирург

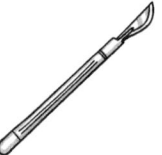

le scalpel

скальпель

l'opération

гамәлият

l'hôpital - хастаханә

le CT

CT

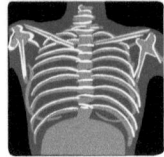

la radiographie

рентген

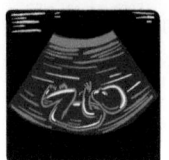

l'échographie

ультратавыш

le masque

битлек

la maladie

авыру

la salle d'attente

көтү бүлмәсе

la béquille

култык таягы

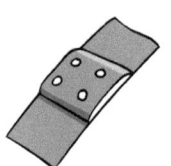

le pansement

пластырь

le pansement

бәйләвеч

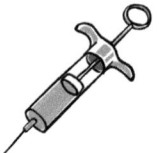

l'injection

кадау

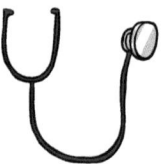

le stéthoscope

стетоскоп

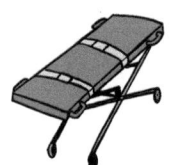

le brancard

сәдия

le thermomètre

клиник термометр

l'accouchement

туу

la surcharge pondérale

артык авырлык

l'hôpital - хастаханә

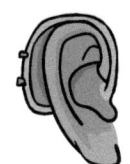

l'appareil auditif

ишетү җиһазы

le désinfectant

дезинфектант

l'infection

йогыш

le virus

вирус

le VIH / le sida

КИВ / БИДС

le médicament

дару

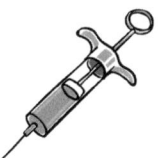

la vaccination

вакциналану

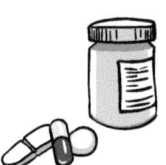

les comprimés

таблетлар

la pilule

контрацептив таблет

l'appel d'urgence

ашыгыч чакыру

le tensiomètre

кан басымы үлчәгече

malade / sain

авыру / сәламәт

Au secours !

Коткарыгыз!

l'alarme

хәвеф тавышы

l'assaut

һөҗүм

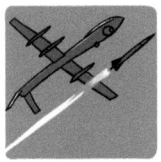

l'attaque

һөҗүм

le danger

куркыныч

la sortie de secours

ашыгыч чыгу

Au feu!

Янгын!

l'extincteur

ут сүндергеч

l'accident

каза

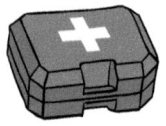

la trousse de premier
secours

беренче ярдәм букчасы

SOS

SOS

la police

полиция

l'Europe

Аурупа

l'Amérique du Nord

Төньяк Америка

l'Amérique du Sud

Көньяк Америка

l'Afrique

Африка

l'Asie

Азия

l'Australie

Австралия

l'Océan atlantique

Атлантик океан

l'Océan pacifique

Тын океан

l'Océan indien

Һинд океаны

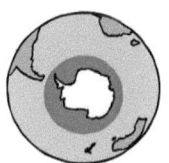

l'Océan antarctique

Антарктик океан

l'Océan arctique

Арктик океан

le Pôle nord

Төньяк котып

le Pôle sud

Көньяк котып

l'Antarctique

Антарктика

la terre

Җир

le pays

коры жир

la mer

диңгез

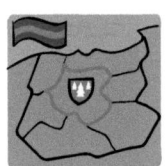

l'île

утрау

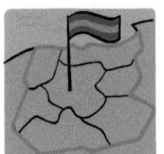

la nation

милләт

l'état

дәүләт

le cadran

сәгать бите

l'aiguille des heures

сәгать угы

l'aiguille des minutes

минут угы

l'aiguille des secondes

секунд угы

Quelle heure est-il ?

Сәгать ничә?

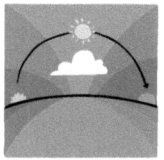

le jour

көн

le temps

вакыт

maintenant

хәзер

la montre digitale

дижитал сәгать

la minute

минут

l'heure

сәгать

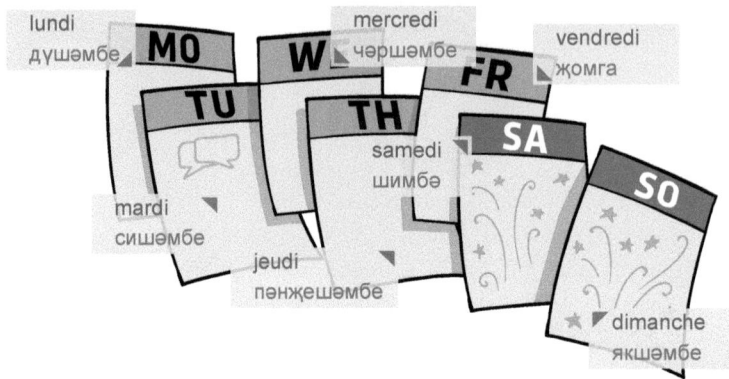

lundi
дүшәмбе

MO

mercredi
чәршәмбе

W

vendredi
җомга

FR

TU

TH

SA

samedi
шимбә

SO

mardi
сишәмбе

jeudi
пәнҗешәмбе

dimanche
якшәмбе

hier

кичә

aujourd'hui

бүген

demain

иртәгә

le matin

иртә

le midi

төш

le soir

кич

MO	TU	WE	TH	FR	SA	SU
1	2	3	4	5	6	7
8	9	10	11	12	13	14
15	16	17	18	19	20	21
22	23	24	25	26	27	28
29	30	31	1	2	3	4

les jours ouvrables

эш көннәре

MO	TU	WE	TH	FR	SA	SU
1	2	3	4	5	6	7
8	9	10	11	12	13	14
15	16	17	18	19	20	21
22	23	24	25	26	27	28
29	30	31	1	2	3	4

le week-end

ял көннәре

l'année

ел

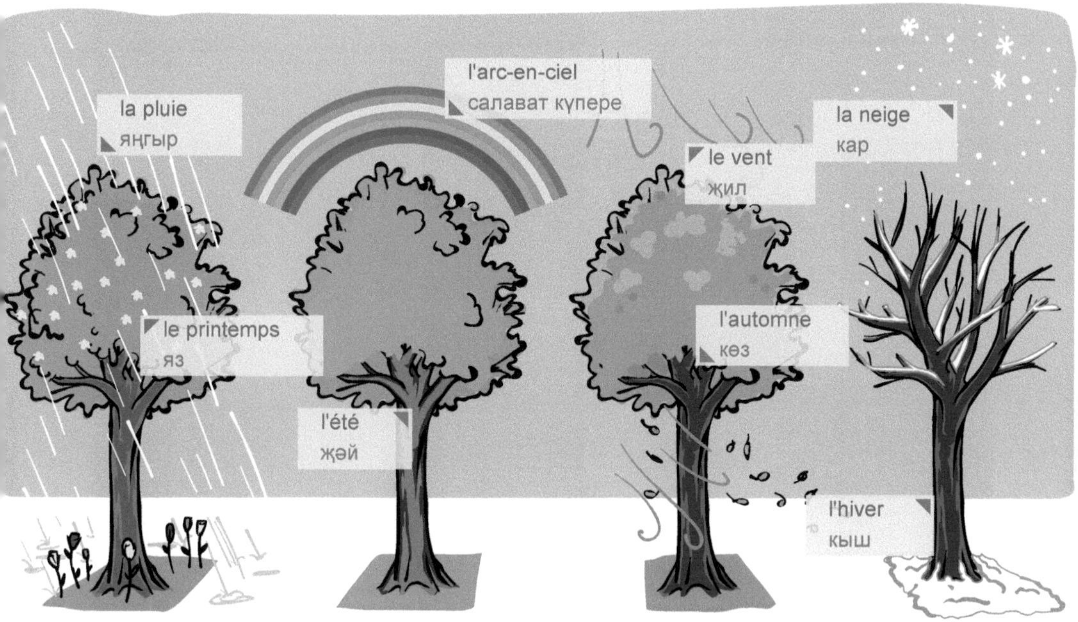

la pluie
яңгыр
l'arc-en-ciel
салават күпере
la neige
кар
le vent
җил
le printemps
яз
l'automne
көз
l'été
җәй
l'hiver
кыш

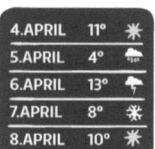

4.APRIL 11°
5.APRIL 4°
6.APRIL 13°
7.APRIL 8°
8.APRIL 10°

la météo

һава торышы

F C
120 40
90 30
60 20
30 10
0 0
-30 -10
-20

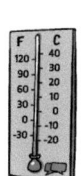

le thermomètre

термометр

la lumière du soleil

кояш яктысы

le nuage

болыт

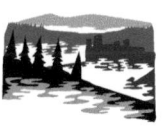

le brouillard

томан

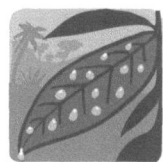

l'humidité

дымлылык

la foudre

яшен

la tonnerre

күк күкрәү

la tempête

давыл

la grêle

боз

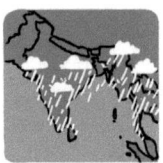

la mousson

муссон

l'inondation

су басу

la glace

боз

janvier

гыйнвар

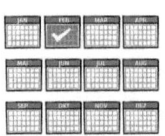

février

февраль

mars

март

avril

апрель

mai

май

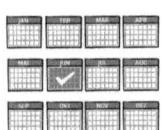

juin

июнь

juillet

июль

août

август

septembre

сентябрь

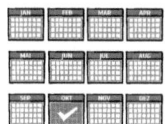

octobre

октябрь

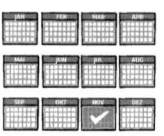

novembre

ноябрь

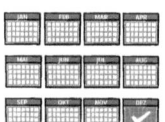

décembre

декабрь

les formes
формалар

le cercle

түгәрәк

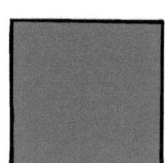

le carré

дүрткел

le rectangle

турыпочмак

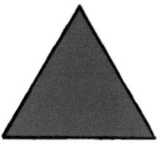

le triangle

өчпочмак

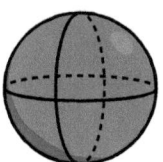

la sphère

шар

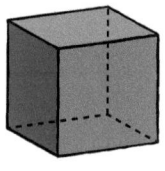

le cube

куб

les formes - формалар

les couleurs

төсләр

blanc

ак

jaune

сары

orange

кызгылт сары

rose

ал

rouge

кызыл

violet

шәмәхә

bleu

зәңгәр

vert

яшел

marron

көрән

gris

соры

noir

кара

beaucoup / peu

күп / аз

fâché / calme

усал / тыныч

joli / laid

матур / ямьсез

le début / la fin

баш / ахыр

grand / petit

зур / кечкенә

clair / obscure

якты / караңгы

frère / soeur

абый, эне / апа, сеңел

propre / sale

таза / пычрак

complet / incomplet

тәмам / тәмамланмаган

le jour / la nuit

көн / төн

mort / vivant

үле / тере

large / étroit

киң / тар

comestible / incomestible

ашарга яраклы / ашарга яраксыз

méchant / gentil

яман / яхшы

excité / ennuyé

дулкынланган / ялыккан

gros / mince

юан / ябык

le premier / le dernier

беренче / соңгы

l'ami / l'ennemi

дус / дошман

plein / vide

тулы / буш

dur / souple

каты / йомшак

lourd / léger

авыр / җиңел

faim / soif

ачлык / сусау

malade / sain

авыру / сәламәт

illégal / légal

канунсыз / канунлы

intelligent / stupide

акыллы / акылсыз

gauche / droite

сул / уң

proche / loin

якын / ерак

nouveau / usé

яңа / кулланылган

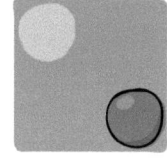

rien / quelque chose

һичнәрсә / нәрсәдер

vieux / jeune

өлкән / яшь

marche / arrêt

кабыздырылган / сүндерелгән

ouvert / fermé

ачык / ябык

faible / fort

тавышсыз / гөрелтеле

riche / pauvre

бай / ярлы

correct / incorrect

дөрес / ялгыш

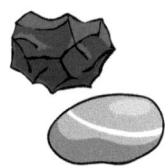

rugueux / lisse

кытыршы / шома

triste / heureux

күңелсез / күңелле

court / long

кыска / озын

lent / rapide

акрын / тиз

mouillé / sec

дымлы / коры

chaud / froid

җылы / салкын

la guerre / la paix

сугыш / тынычлык

0

zéro
....
сыфыр

1

un / une
....
бер

2

deux
....
ике

3

trois
....
өч

4

quatre
....
дүрт

5

cinq
....
биш

6

six
....
алты

7

sept
....
җиде

8

huit
....
сигез

9

neuf
....
тугыз

10

dix
....
ун

11

onze
....
унбер

12

douze

унике

13

treize

унеч

14

quatorze

ундүрт

15

quinze

унбиш

16

seize

уналты

17

dix-sept

унҗиде

18

dix-huit

унсигез

19

dix-neuf

унтугыз

20

vingt

егерме

100

cent

йөз

1.000

mille

мең

1.000.000

le million

миллион

l'anglais

инглизчə

l'anglais américain

Америка инглизчəсе

le chinois mandarin

Мандарин кытайчасы

le hindi

hинди

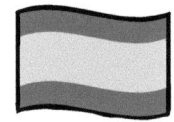

l'espagnol

испанча

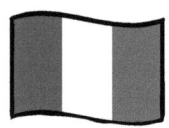

le français

французча

l'arabe

гарəпчə

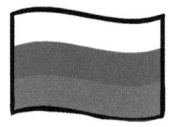

le russe

русча

le portugais

португалча

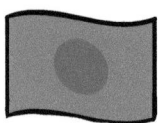

le bengali

бенгали

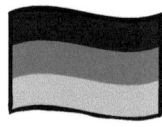

l'allemand

алманча

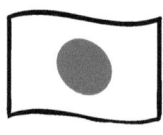

le japonais

япончa

je

мин

tu

син

il / elle / ce, c', cela

ул / ул / ул

nous

без

vous

сез

ils / elles

алар

Qui ?

кем?

Quoi ?

нәрсә?

Comment ?

ничек?

Où ?

кайда?

Quand ?

кайчан?

le nom

исем

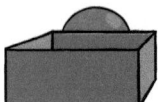

derrière

артта

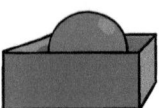

dans

эчендә

devant

алда

au-dessus

өстендә

sur

өстенә

en-dessous

астында

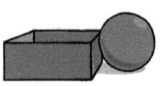

à côté de

янында

entre

арасында

le lieu

урын